Félicité
est le quatre-vingt-dix-neuvième ouvrage
publié chez
Dramaturges Éditeurs

Dramaturges Éditeurs
4740, rue Adam
Montréal (Québec) H1V 1V5
Tél. : 514 527-7226
Courriel : info@dramaturges.qc.ca
Site internet : www.dramaturges.qc.ca

Dramaturges Éditeurs choisit de respecter l'auteur
dans sa façon de transcrire l'oralité.

Mise en pages et maquette de la couverture : Yvan Bienvenue
Correction des épreuves : Daniel Gauthier et Johanne Viel
Photo : Rolline Laporte

Nous remercions le Conseil des Arts du Canada
de l'aide accordée à notre programme de publication.
Nous remercions aussi la Sodec.

Dépôt légal : quatrième trimestre 2007
Bibliothèque et Archives nationales du Québec
Bibliothèque nationale du Canada

ISBN 978-2-922182-98-9

Olivier Choinière

FÉLICITÉ

Dramaturges Éditeurs

Olivier Choinière chez Dramaturges Éditeurs

Lady Percy's grande traîtrise, dans 38A, 1996
Le Bain des raines, 1998
Jocelyne est en dépression, 2002
Beauté intérieure, 2003
Venise-en-Québec, 2006

À Emmanuelle, à ta lumière.
Aux frères et aux sœurs de la Colline.

FÉLICITÉ [felisite] n. f. Bonheur sans mélange, généralement calme et durable.

L'aliénation du spectateur au profit de l'objet contemplé (qui est le résultat de sa propre activité inconsciente) s'exprime ainsi : plus il contemple, moins il vit ; plus il accepte de se reconnaître dans les images dominantes du besoin, moins il comprend sa propre existence et son propre désir. L'extériorité du spectacle par rapport à l'homme agissant apparaît en ce que ses propres gestes ne sont pas à lui, mais à un autre qui les lui représente. C'est pourquoi le spectateur ne se sent chez lui nulle part, car le spectacle est partout.

Guy Debord, *La Société du spectacle*

La première représentation publique de *Félicité* a eu lieu le 16 octobre 2007, au Théâtre La Licorne, à Montréal.

Distribution :
PRÉPOSÉE : Muriel Dutil
ÉTALAGISTE : Maxime Denommée
GÉRANT : Roger La Rue
ORACLE : Isabelle Roy

Mise en scène : Sylvain Bélanger
Assistance à la mise en scène et régie : Claude Lemelin
Décor et accessoires : Pierre-Étienne Locas
Costumes : Sarah Balleux
Éclairages : Martin Labrecque
Musique originale : Larsen Lupin

Une production du Théâtre de La Manufacture, sous la direction artistique de Jean-Denis Leduc.

Félicité est le fruit d'une résidence d'écriture organisée par le Centre des auteurs dramatiques (CEAD) en 2004. La même année, Olivier en poursuivait l'écriture lors d'une résidence d'auteur au Théâtre de La Manufacture.

DÉFINITION DES PERSONNAGES

PRÉPOSÉE [pʀepoze] **1.** Qui accomplit un acte sous la direction d'un autre. **2.** Maquille, déguise, adoucit. **3.** Femme fin quarantaine.

GÉRANT [ʒeʀɑ̃] **1.** Qui gère pour le compte d'autrui. **2.** Organise, défend, fait face. **3.** Homme début cinquantaine.

ÉTALAGISTE [etalaʒist] **1.** Qui compose, dispose les étalages, expose la marchandise. **2.** Archive, place, situe. **3.** Homme fin vingtaine.

ORACLE [ɔʀɑkl] **1.** Qui s'exprime avec autorité, jouit d'un grand crédit. **2.** Annonce, décide, détermine. **3.** Femme début trentaine.

LIEU

La scène, c'est-à-dire *de l'autre côté du miroir.*

PONCTUATION

Le trait oblique (/) annonce le début de la prochaine réplique.

Le tiret (–) désigne un geste exprimant une pensée, une ellipse, une hésitation ou une censure.

Une phrase sans point (.) indique que la réplique suivante s'enchaînera sans pause.

NOTE

La majuscule indique une augmentation du volume de la voix; une citation tirée des journaux.

GÉRANT, PRÉPOSÉE, ÉTALAGISTE entrent, se placent face public. Ils portent un tablier bleu, sauf GÉRANT. Ils portent tous une épinglette à leur nom — composé de chiffres et de lettres à l'envers, ce qui le rend illisible. Ils sourient. ORACLE entre, se place face public. Elle ne sourit pas. Elle porte également un tablier bleu. Sur son épinglette on peut lire : « OЯAƆꓶƐ ».

ORACLE
Commence.

PRÉPOSÉE
Le monde – le souffle coupé

ÉTALAGISTE
Les jambes –

GÉRANT
Personne osait respirer

PRÉPOSÉE
Le silence – à la fin de la note, je veux dire : quand la note a fini par tomber

GÉRANT
Immense

ÉTALAGISTE
Pis là tout le monde a levé la tête, en même temps

GÉRANT
Les ballons se sont mis à tomber

PRÉPOSÉE
Une PLUIE de ballons

GÉRANT
Mais elle, elle restait là, micro en main, bouche ouverte – yeux plissés

PRÉPOSÉE
Et c'est comme si – elle chantait encore

ÉTALAGISTE
C'est ça : comme si les cris de la foule lui sortaient par la bouche

GÉRANT
Des milliers de spectateurs – dans sa bouche

PRÉPOSÉE
Les gens hurlaient, les ballons continuaient de pleuvoir sur eux – sur elle, plantée sur scène

GÉRANT
Bouche ouverte – yeux plissés

ÉTALAGISTE
Et là, le flash des photos – d'un seul coup, de partout dans le Centre

GÉRANT
Magnifique

ÉTALAGISTE
Comme si tout le monde voulait garder le même souvenir.

PRÉPOSÉE
Après ça elle a baissé le bras, elle a ouvert les yeux, elle a souri – oui, elle a souri et elle a dit : « Merci »

ORACLE
Non – avant

PRÉPOSÉE
Avant quoi ?

ORACLE
Avant de le dire

GÉRANT
C'est vrai – avant ça, elle a posé une main sur son cœur et elle a dit : « Merci », mais / sans dire merci

ÉTALAGISTE
SANS dire merci

GÉRANT
Juste en articulant « Merci »

ÉTALAGISTE
Oui, parce que les gens –

PRÉPOSÉE
Mais elle a fini par dire « Merci », je veux dire pour vrai

ÉTALAGISTE
Mais ça a pris – C'est pour ça qu'elle a dit : « Arrêtez. C'est trop. »

PRÉPOSÉE
OUI, pis après ça : « Je vous aime gros ! » – avec le bras

ÉTALAGISTE
Pis : « Je vous aime aussi », parce que le monde criait : « JE T'AIME »

GÉRANT
« ON T'AIME, CÉLINE ! »

PRÉPOSÉE
Pis Céline qui pleurait

ÉTALAGISTE
Sur l'écran géant : gros plan sur le visage de Céline

GÉRANT
Une larme – avec le doigt. Immense – magnifique

ÉTALAGISTE
Mais le monde continuait : « CÉLINE ! CÉLINE ! »

PRÉPOSÉE
C'est là que Céline a dit : « Merci du fond du cœur », en baissant la tête, pis doucement, l'intro de – évidemment ! Pour le rappel, Céline a chanté *The Power of Love*, en pleurant

GÉRANT
Les joues – inondées

PRÉPOSÉE
Et le monde pleurait. Après le rappel : « VA-T'EN PAS, / CÉLINE ! »

ÉTALAGISTE
CÉLINE à la télévison – dans toutes les maisons

PRÉPOSÉE
Dans le salon – le monde, ça pleurait

ÉTALAGISTE
Le lendemain – les journaux, les magazines : « ADIEU, CÉLINE », écrit en grosses lettres

ORACLE
Pas « ADIEU », « À BIENTÔT »

GÉRANT
« À BIENTÔT » – c'est ça, oui – Céline voulait juste prendre une pause.

PRÉPOSÉE
Quand Céline est apparue pour la conférence de presse, en jeans pis en chandail – un chandail ample, tellement – simple. Les journalistes en sont tombés à genoux

ÉTALAGISTE
Le Photographe voulait prendre une photo, mais il pleurait trop

PRÉPOSÉE
Céline et René se sont assis. Céline a souri – simple. Et là l'attachée de presse a donné la parole à la Journaliste et la Journaliste a demandé si – non – avant, la Journaliste a dit : « Allô, Céline », et Céline a dit : « Allô, ma belle. Comment ça va, la gorge ? » Céline savait que la Journaliste avait été malade, elle s'était informée – non – elle / savait, c'est tout

GÉRANT
Et qu'est-ce que la Journaliste a demandé ?

PRÉPOSÉE
La Journaliste a demandé : « Combien de temps va durer ta pause, Céline ? » Et René a répondu

GÉRANT
C'est pas René qui a répondu, c'est Céline – elle a répondu : « Je sais pas encore », et après René a dit : « Peut-être deux – trois ans »

ÉTALAGISTE
C'est ça : « Peut-être cinq, peut-être sept »

PRÉPOSÉE
« Ou peut-être pas, peut-être juste un mois, on sait pas », mais « Céline prendrait une pause d'un mois que ça serait comme dix ans, elle reviendrait après dix ans que ça serait comme si elle était jamais partie », a pensé la Journaliste

GÉRANT
Céline a dit : « Je veux prendre du temps pour moi, avec ma famille », pis en regardant dins airs : « Une chose que je sais, par exemple, c'est que je vas toujours être là, avec vous autres »

PRÉPOSÉE
Et la Journaliste a senti qu'elle lui parlait à elle – pour elle – que c'est juste à elle qu'elle disait ça

ÉTALAGISTE
Quand Céline s'est levée de la table de presse, le Photographe a senti qu'elle se tournait vers lui, que

c'est pour lui qu'elle tournait la tête, qu'elle se caressait le ventre

PRÉPOSÉE
Céline était enceinte

ORACLE
Céline a pas dit qu'elle était enceinte

GÉRANT
Non, pas durant la conférence de presse, c'est un crisse de journaliste qui

PRÉPOSÉE
La Journaliste a rien dit, je veux dire elle a seulement PENSÉ que Céline était enceinte – peut-être, même si au fond d'elle, elle savait

GÉRANT
Quelqu'un en a parlé, quelqu'un a pris une photo, une photo de Céline couchée dans le lit

ÉTALAGISTE
C'était pas une photo du Photographe

GÉRANT
René a fait retirer la revue avec la photo – toutes les revues, de tous les dépanneurs, les magasins. Céline voulait ça INTIME

ÉTALAGISTE
C'est dans l'avion – le jet privé de René, « le Céline », que le Photographe a – su. C'était incroyable ! Le Photographe avait toujours rêvé de voler dans « le Céline », et c'est là,

en plein ciel, que Céline lui a demandé : « Veux-tu être mon photographe de maternité ? » et le Photographe a pleuré

GÉRANT
Elle voulait qu'ils prennent le temps de vivre ça ensemble, tranquilles

PRÉPOSÉE
La Journaliste avait obtenu une entrevue exclusive avec Céline dans « le Céline », et à l'atterrissage Céline a dit : « Pourquoi tu viendrais pas passer un peu de temps à la maison ? » Elle avait pas besoin d'en dire plus

GÉRANT
Elle voulait qu'ils soient chez eux, en famille

PRÉPOSÉE
Alors quand Céline a pris la main de la Journaliste, qu'elle l'a regardée avec – ses yeux, elle savait très bien ce que Céline allait lui annoncer et la Journaliste a pleuré

GÉRANT
Et quand le Médecin californien lui a dit : « *Céline, you'll have to remain in bed* », Céline s'est pas sentie prisonnière, au contraire, elle s'est dit : « Je vais rester couchée et je vais lire, lire toutes les lettres de fans que j'ai pas eu le temps de lire », et toute la journée elle était couchée dans la chambre, une chambre magnifique

ÉTALAGISTE
Avec une lumière – extraordinaire

GÉRANT
Encore plus grande que la chambre de leur mariage, le deuxième

PRÉPOSÉE
Peut-être pas plus grande

GÉRANT
Elle la voulait aussi grande

ÉTALAGISTE
Elle était pas plus grande, mais elle en avait l'air – à cause du désert

PRÉPOSÉE
Du désert ?

ÉTALAGISTE
La chambre était à l'arrière de la maison – donnait sur le désert. La vue – incroyable

PRÉPOSÉE
Avec le jardin – le jardin / babylonien

ÉTALAGISTE
Babylonien

GÉRANT
La maison de Las Vegas : un vrai château

ÉTALAGISTE
Le Photographe a pris des photos

PRÉPOSÉE
C'est dans la chambre – peut-être aussi grande que la chambre du deuxième mariage – qu'elle a invité la Journaliste

GÉRANT
Aucun journaliste est entré dans la chambre de Céline. Céline avait dit à René : « Je veux personne – sauf les amis, la famille. » Les journalistes ont juste vu des PHOTOS / de la chambre

PRÉPOSÉE
Pas tous les journalistes, mais LA Journaliste

ORACLE
La Biographe

GÉRANT
O.K., la Biographe, parce que les journalistes, les journalistes en général, ils viennent aux conférences de presse ou sinon ils se font botter le cul

PRÉPOSÉE
La Biographe

GÉRANT
Pis même quand ils viennent aux conférences de presse – faut faire attention qui on invite aux conférences de presse. Tu te souviens du journaliste français / qui

PRÉPOSÉE
On n'invite pas n'importe qui

GÉRANT
Exactement – le journaliste français qui avait dit à René : « Céline ? Vous voulez dire Louis-Fernand Céline ? »

PRÉPOSÉE
« Ferdinand » – ah, mon Dieu, oui

GÉRANT
« Louis-Ferdinand Céline ? »

ÉTALAGISTE
C'est qui, Louis-Ferdinand Céline ?

PRÉPOSÉE
Un acteur

GÉRANT
Et René avait répondu : « Non, pas Louis-Ferdinand, mais Céline, LA CÉLINE, la seule, l'UNIQUE », pis tout le monde avait ri pis le crisse de journaliste français avait fermé son hostie de grand yeule de Français.

PRÉPOSÉE
Je dis « journaliste » parce qu'au début, elle voulait pas croire qu'elle était devenue la Biographe officielle de Céline, je veux dire que Céline lui ait fait ce cadeau-là. Quand elle lui a dit : « J'aimerais que les gens sachent la vérité », elle était tellement belle – rayonnante. La Biographe a répondu : « Céline, les mauvaises langues sont des gens malheureux. »

ÉTALAGISTE
Elle était tellement belle – rayonnante, couchée dans le lit infini, les cheveux répandus sur les coussins – une montagne de coussins, avec elle dessus

GÉRANT
Magnifique

ÉTALAGISTE
Et le Photographe a demandé à René de se coucher près d'elle, dans son pyjama doré

GÉRANT
C'était pas un pyjama. C'était un vêtement / traditionnel

ÉTALAGISTE
Vêtement traditionnel, mais je dis pyjama parce que c'était si – simple, si beau de les voir, de voir tout à coup l'homme et la femme, comme n'importe quel couple qui se lève, « CÉLINE ET RENÉ FONT LA GRASSE MATINÉE », disait la légende. Des futurs parents qui s'aiment et qui attendent un bébé

PRÉPOSÉE
Céline a dit : « Je veux que mon enfant sache à quel point il était aimé, désiré, attendu, à quel point son père aimait sa mère, sa mère aimait son père, à quel point toute la famille s'aimait et l'attendait ». Et la Biographe a pleuré

ÉTALAGISTE
Le Photographe avait devant lui l'adolescente qui a chanté pour le pape, le Photographe avait devant lui « LA VOIX DU BON DIEU », la plus belle voix du monde, le Photographe avait dans son objectif le succès et la réussite internationale, mais quand le succès et la réussite internationale lui ont dit : « Tu veux que je me place comment ? », comme si elle avait jamais fait ça, comme si c'était la première fois, en rougissant presque, le Photographe avait devant lui « LA PETITE FILLE DE CHARLEMAGNE », l'amie d'enfance avec qui il avait été à l'école, et le Photographe a pleuré.

GÉRANT
René est entré un matin avec des magazines du Québec. Céline adorait lire des magazines du Québec. Quand

René est entré dans la chambre, Céline a dit : « Chéri, viens m'embrasser. »

ORACLE
Non – elle dit : « Merci pour les fleurs. Elles sentent bonnes. »

PRÉPOSÉE
Quelles fleurs ?

ORACLE
Les fleurs que René lui a envoyées

GÉRANT
/ René a jamais

ORACLE
PARCE qu'il est parti jouer au golf de bonne heure ET qu'il allait pas être là quand Céline allait se réveiller. La Femme de chambre les met dans un vase

ÉTALAGISTE
Quelle Femme de chambre ?

ORACLE
La Femme de chambre noire

GÉRANT
René a pas engagé de femme de chambre noire

ORACLE
UNE des femmes de chambre parmi les nombreuses femmes de chambre, René peut pas connaître toutes

les femmes de chambre. La Femme de chambre noire pose les fleurs sur la commode, près du miroir, avec la carte signée : « *With Love, René* », et va porter une lettre à Céline

PRÉPOSÉE
Quelle lettre?

ORACLE
La lettre d'une fan

PRÉPOSÉE
Mais d'habitude c'est la secrétaire qui reçoit / les lettres

ORACLE
Trop tard. Céline dit : « *Give it to me.* »

PRÉPOSÉE
Qu'est-ce qu'elle dit, la lettre?

ORACLE
La lettre dit : « Chère Céline, je pense beaucoup à toi. Je suis comme toi toujours couchée. Ma maladie m'empêche de me lever de mon lit. Ma famille s'occupe de moi. Quand je suis triste, ils me mettent des disques de toi. J'aime beaucoup la chanson *Partout je te vois*. On dirait que c'est moi qui parle, mais que toi tu chantes. J'espère un jour guérir pour voir pour vrai un de tes spectacles. Je t'aime gros, Isabelle. » Avant de partir, la Femme de chambre demande à Céline un autographe

GÉRANT
« Y a deux types d'employés », pense René

ORACLE
Céline lui signe un autographe – en français

GÉRANT
« Y a ceux qui quêtent des autographes pis ceux qui en quêtent pas – simple de même »

ORACLE
La Femme de chambre noire sort de la chambre à reculons – fait un grand sourire – disparaît.

ÉTALAGISTE
Pis le Garde du corps voit personne sortir ?

ORACLE
Le Garde du corps est dans la cuisine des employés – déjeune.

ÉTALAGISTE
Il pourrait entendre – je sais pas moi – la porte s'ouvrir, se fermer

ORACLE
Le Garde du corps entendrait la porte claquer qu'il penserait que c'est la Biographe qui vient d'entrer

PRÉPOSÉE
La Biographe est pas DÉJÀ dans la chambre ?

ORACLE
NON – la Biographe est pas encore arrivée. Céline est toute seule – pleure.

GÉRANT
René entre dans la chambre avec des magazines du Québec – où on peut voir les photos de la chambre

avec Céline et René, où on peut lire des articles sur la grossesse de Céline, mais quand René voit que Céline pleure, René pense : « *Bad news.* »

PRÉPOSÉE
Céline pleure à cause de la lettre, je veux dire, elle la trouve tellement belle – touchante

GÉRANT
C'est quand Céline lui dit : « Merci pour les fleurs. Elles sentent bonnes », c'est quand il voit les fleurs, qu'il pense : « *Bad news.* » Il a la chienne, parce que René a jamais envoyé de fleurs à Céline. Il va voir les fleurs, près du miroir. Le bouquet – immense, à cause du reflet. Il prend la carte « *With Love, René.* » Son comptable lui a déjà dit que sa signature était facile à imiter. Il en parle pas à Céline, sort de la chambre avec la carte – va voir le Garde du corps personnel de Céline

ÉTALAGISTE
Le Garde du corps comprend pas, il a vu personne

GÉRANT
René dit : « *Go check the flowers.* »

ÉTALAGISTE
Le Garde du corps entre dans la chambre, va voir les fleurs, même si c'est pas sa job – se penche. Céline dit : « *They smell good.* », mais les fleurs sentent presque rien, pis les fleurs sont loin du lit. Le Garde du corps se dit : « *How could she smell the flowers from way over there?* »

GÉRANT
Le Médecin californien a formellement interdit que Céline se lève. « *It's dangerous. Céline can lose her baby.* »

René sort son cellulaire, veut appeler le fleuriste, pour savoir à qui il a vendu les fleurs, sauf qu'y a pas de numéro sur la carte, parce que c'est pas la carte d'un fleuriste, mais une étiquette de chez Wal-Mart

PRÉPOSÉE
Quand la Biographe entre dans la chambre, Céline lui dit : « J'ai reçu une lettre tellement belle – touchante, je voudrais pouvoir lui répondre, j'aimerais pouvoir lui écrire. » Sur l'enveloppe y a pas d'adresse de retour, sur l'enveloppe y a rien d'écrit parce qu'y a pas d'enveloppe, y a juste la lettre. Céline dit à la Biographe : « Je veux tout savoir sur Isabelle », en souriant dans ses larmes

ORACLE
Non – en criant

PRÉPOSÉE
En criant ?

ORACLE
En hurlant – de douleur.

GÉRANT
René court, entre dans la chambre

ORACLE
René est loin de la chambre, il est dehors – à l'autre bout du jardin

GÉRANT
René appelle le MÉDECIN

ORACLE
Le Médecin est déjà dans la chambre – avec la Biographe, le Garde du corps. Céline hurle

ÉTALAGISTE
Le Garde du corps s'approche

GÉRANT
Le Médecin court vers le lit

ORACLE
Les draps de Céline sont tachés de sang – entre les cuisses

GÉRANT
Il enlève les draps

PRÉPOSÉE
La Biographe ferme les yeux – prend la main de Céline – quand René plonge la tête/entre les cuisses

GÉRANT
LE MÉDECIN

PRÉPOSÉE
Je veux dire le MÉDECIN – quand le Médecin CALIFORNIEN plonge la tête entre les cuisses de Céline

ÉTALAGISTE
Les cris de Céline font comme une chanson. On dirait que Céline chante. Le Garde du corps recule

GÉRANT
Le Médecin crie : *« SHE'S LOSING HER BABY. »*

PRÉPOSÉE
La Biographe prend le téléphone – pour appeler une ambulance

GÉRANT
Le Médecin raccroche le téléphone. Il gueule : *« IMBECILE, SHE CAN'T MOVE! »*

ÉTALAGISTE
Le Garde du corps se frappe contre la commode, fait tomber ce qu'y a dessus : des disques, un appareil photo

PRÉPOSÉE
La Biographe sait plus quoi faire, elle se met à essuyer le sang – sur le téléphone

GÉRANT
« CALL RENÉ! »

ÉTALAGISTE
Le Garde du corps voit dans les mains rouge sang du Médecin le bébé rouge sang de Céline

PRÉPOSÉE
C'est même pas un bébé, c'est à peine un bébé, c'est – la Biographe peut pas regarder, la Biographe sort, l'Infirmière entre – c'est une grosse crevette rouge. L'Infirmière personnelle de Céline prend la grosse crevette rouge des mains du Médecin

ÉTALAGISTE
Le Garde du corps peut pas regarder

PRÉPOSÉE
L'Infirmière sait pas quoi faire avec

ORACLE
Le flash part

PRÉPOSÉE
Quel flash?

ORACLE
Le flash de l'appareil photo.

GÉRANT
Qui prend des PHOTOS?

ÉTALAGISTE
PERSONNE!

PRÉPOSÉE
L'Infirmière jette la grosse crevette dans le bol de toilette – flush! –, prend une serviette, la mouille, la tord – lave Céline, change Céline

ÉTALAGISTE
Le Garde du corps range l'appareil photo, les disques – en tremblant

GÉRANT
Le Médecin californien appelle René – il dit : « *René, I'm so sorry. The baby is dead.* » René tremble – tient plus sur ses jambes, il a traversé tout le jardin. Il entre dans la maison, court en s'appuyant sur les murs, se traîne jusqu'à la chambre, les yeux – brûlés par les larmes. René veut s'arracher le cœur, Céline arrête pas de répéter : « *DOCTOR, WHERE'S MY BABY? MY BABY?* »

PRÉPOSÉE
Céline finit par s'endormir. L'Infirmière la veille – le reste de la journée – toute la nuit. Le lendemain, Céline se réveille avec un grand sourire, pis elle dit à l'Infirmière :

« Maman, je suis contente que tu sois venue me voir. » Céline est malade, elle est / pas bien

GÉRANT

Elle a juste besoin de voir sa famille, de l'avoir autour d'elle. René appelle la Mère de Céline, ses frères et ses sœurs – le Père. Il leur dit de venir. Il leur dit pas pourquoi, il leur dit juste de venir, et quand la famille arrive le lendemain à Vegas, René prend la Mère de Céline dans ses bras et pleure

PRÉPOSÉE

René a rien besoin de dire, la Mère de Céline sait

GÉRANT

René pleure sur son épaule. Derrière la Mère de Céline, y a le Père de Céline. René regarde le Père de Céline, son père qui sourit, timide, gêné, impressionné par René, Vegas, par le marbre, les décapotables, le soleil, le jardin, le désert, les palmiers. Comment le Père peut sourire? Sa fille a perdu son bébé – leur bébé, et René ferme les yeux, serre la Mère de Céline comme pour se retenir de

PRÉPOSÉE

La Mère de Céline dit à René : « Je sais c'est quoi, j'ai perdu mon premier. » La Mère entre dans la maison, va tout de suite voir l'Infirmière, pour savoir comment va Céline. L'Infirmière dit : « *Take care of her.* » La Mère de Céline a pas de leçons à recevoir de personne. Elle sait très bien comment s'occuper de sa fille

ÉTALAGISTE

Le Garde du corps se tasse pour laisser entrer le Frère de Céline. Le Frère de Céline est surpris que le Garde du corps soit aussi – petit que lui. Le Frère s'assoit sur le lit, embrasse sa sœur, Céline qu'il a pas vue depuis longtemps sinon que sur scène ou sur photo, qui paraît plus jeune que sur photo – ou plus maigre, il pourrait pas le dire. Il sait pas quoi dire. Il est seulement gêné, gêné d'être tout seul avec elle, qui sourit – les autres qui arrivent pas – le reste de la famille. Elle lui flatte le bras, elle lui dit : « Je pense aux enfants malades et j'ai moins mal », mais lui ose plus la regarder – regarde ailleurs, autour de lui. Incroyable. Il imaginait la chambre beaucoup plus grande – c'est ça : la chambre paraissait plus grande sur photo. S'il avait apporté des magazines du Québec, il aurait pu comparer. Il fixe les fleurs, les fleurs près du miroir. Il se lève – le bouquet a l'air deux fois plus gros, à cause du reflet. Il se penche sur les fleurs. Les fleurs sentent rien. Les fleurs sont en plastique

PRÉPOSÉE

Quand la Mère de Céline entre dans la cuisine, la fameuse cuisine de la maison de Vegas, la cuisine qu'elle a seulement vue en photo – dans les magazines, elle aperçoit de la vaisselle sale qui traîne sur le comptoir. La Mère de Céline est fâchée de voir de la vaisselle sale sur le comptoir, je veux dire que personne ait pensé à la ranger dans le lave-vaisselle. La Mère de Céline prend une assiette sale pour la mettre dans le lave-vaisselle, mais elle trouve pas de lave-vaisselle. Où est le lave-vaisselle? Où est le personnel, la bonne, le chef cuisinier? Elle appelle René, sort de la cuisine en appelant René, se met à errer dans les corridors tapissés en appelant René, se met à penser : « L'homme à qui j'ai donné ma fille », elle pense à sa fille, elle pense : « Je suis pas encore allée voir ma fille »

GÉRANT
Céline dit à son Père : « Pleure pas, popa. Ça aurait pu être pire. » Le Père de Céline comprend pas ce qu'elle veut dire. Qu'est-ce qui aurait pu être pire ? « Y a des gens qui ont rien, qui ont rien » – elle répète : « Qui ont rien », et le Père de Céline comprend encore moins. Le Frère de Céline est à l'autre bout de la chambre. Il dit rien, il reste là, sans bouger. On dirait qu'il cache quelque chose derrière son dos. Les autres sont où ? Ses frères, ses sœurs ? Et là le Père de Céline voit ce que son Frère cachait derrière son dos, il le met devant sa face : un appareil photo – il va prendre une photo, c'est vraiment pas le moment. Le Père de Céline dit au Frère de Céline : « Mets un disque », et le Frère recule

ÉTALAGISTE
Le Frère dépose l'appareil photo – un appareil jetable, acheté dans la boutique hors taxe. Il le met sur la commode, il est content de s'en débarrasser, il se trouve ridicule de l'avoir acheté. Il s'essuie les mains sur ses cuisses et il prend un disque, le premier du bord, un des premiers simples de Céline. Il en prend un autre, un album double de Céline, parce qu'il y a juste des disques de Céline dans la chambre de Céline

ORACLE
Elle dit : « Mets-moi un disque de Céline. »

GÉRANT
La chanson commence et Céline se colle sur lui. Le Père de Céline ose pas prendre sa fille dans ses bras. Elle pose sa tête sur ses genoux. Elle dit : « Flatte-moi les cheveux comme quand j'étais malade. »

PRÉPOSÉE
La Mère de Céline entend de la musique, une chanson qu'elle connaît; que sa fille chante – chantait. Elle marche vers la musique

GÉRANT
Céline suce son pouce comme quand elle était petite, en chantonnant, ce qui faisait dire à son Père : « Plus tard elle sera chanteuse. »

ORACLE
« Plus tard, elle va sucer des queues. »

PRÉPOSÉE
La Mère de – la Mère de Céline s'arrête devant la porte

GÉRANT
Son Père ose pas bouger, les bras le long du corps

PRÉPOSÉE
La Mère écoute Céline chanter, entend la musique – son mari, son fils

GÉRANT
Céline le serre fort, maintenant – se colle sur lui comme si elle voulait rentrer dans lui, lui donner la force de serrer

ÉTALAGISTE
Le Frère de Céline regarde les photos, les coupures de journaux, les posters de Céline sur le mur de la chambre de Céline, son Frère voudrait rentrer dans le plancher

PRÉPOSÉE
La Mère de Céline met la main sur la poignée

GÉRANT
Quelqu'un pourrait rentrer, quelqu'un va rentrer, quelqu'un veut rentrer, le Père de Céline veut rentrer dans le plancher

ORACLE
Ça sonne à porte.

PRÉPOSÉE
La Mère de Céline fige, se tourne, marche dans le corridor, va vers la porte d'entrée – s'arrête. Elle attend que quelqu'un aille ouvrir – quelqu'un de la maison – du personnel de maison. La Mère de Céline crie : « EST-CE QUE QUELQU'UN VA OUVRIR ? »

ORACLE
Ça sonne à porte.

PRÉPOSÉE
Elle voudrait le crier en anglais, pour que le personnel anglais comprenne, mais la Mère de Céline parle pas – bien anglais. « PERSONNE VA RÉPONDRE ? », on dirait qu'y a personne dans maison

ORACLE
Ça sonne à porte. C'est la Voisine.

PRÉPOSÉE
Quelle voisine ?

ORACLE
La Voisine d'à côté.

PRÉPOSÉE
La Mère de Céline savait pas que Céline et René avaient des voisins. Elle regarde par l'immense fenêtre,

la fenêtre qui donne sur l'immense allée de palmiers. Elle voit une femme noire devant la porte d'entrée

ORACLE
Elle cogne à porte.

PRÉPOSÉE
La Mère de Céline savait pas qu'il y avait des noirs dans le quartier. La Mère décide quand même d'aller répondre. Elle se pratique : « *What can I do for you? What can I do for you?* », elle ouvre – se rend compte qu'elle a toujours l'assiette sale dans sa main – trop tard –, est déjà en train d'ouvrir la porte. Elle cache l'assiette sale dans son dos

ORACLE
La Voisine dit : « Bonjour. Je suis la Voisine. »

PRÉPOSÉE
La Mère de Céline est aussi soulagée qu'effrayée que la Voisine de Céline soit Québécoise, je veux dire – parle français. Est peut-être pas noire finalement, est peut-être seulement à contre-jour – le visage dans l'ombre

ORACLE
La Voisine dit : « Est-ce qu'Isabelle est là ? »

PRÉPOSÉE
Qui ?

ORACLE
Isabelle.

PRÉPOSÉE
La Mère dit : « Est-ce qu'elle travaille ici ? »

ORACLE
La Voisine dit : « Est là, je le sais. J'entends de la musique. »

PRÉPOSÉE
La Mère dit : « Je m'excuse, je peux pas vous aider », et la Mère referme lentement la porte

ORACLE
La Voisine la regarde droit dans les yeux.

ORACLE regarde PRÉPOSÉE.

PRÉPOSÉE
La Mère sent ses yeux – continue de fermer la porte. La Voisine la fixe toujours, retient la porte du regard, l'empêche de la fermer avec ses yeux – DES YEUX –. La voisine fait un pas, son visage sort de l'ombre et les globes sortent de leurs trous, s'agitent dans tous les sens – grouillent au bout de leur nerf optique. « Vas-tu finir par finir de fermer, MAUDITE PORTE ! » Pousse de toutes ses forces

ORACLE regarde face public.

PRÉPOSÉE
La porte ferme, claque, barre – barre la porte, met la chaîne de sécurité, retourne dans cuisine. Mais quand la Mère voit son mari assis à table, de dos, en camisole, le poil dans le cou, le coude levé, la tête par en arrière – comme ça –, calant une bière, dans la main une cigarette, quand elle voit la cendre sur le plancher, l'assiette – l'assiette sale qu'elle avait dans main, qu'elle tient toujours – lui glisse des doigts, se brise sur le plancher sale de la cuisine sale

GÉRANT
QU'EST-CE T'AS À ME REGARDER? RAMASSE.

PRÉPOSÉE
La Mère ramasse rien, elle court vers la chambre, le plancher craque sous ses pieds – la main sur la poignée, l'oreille contre la porte : plus de musique. La Mère entre dans la chambre de – sa fille. Elle la voit pas, il fait noir, mais elle peut l'entendre respirer. La Mère va à la fenêtre, ouvre les rideaux. Dehors, la neige tombe – dans le désert. La Mère ferme les rideaux, ses yeux s'habituent à la noirceur, elle peut deviner sa fille – son corps dans le lit. Elle dort. La Mère pense : « J'ai pas encore embrassé ma fille », elle s'approche, se penche sur elle – veut l'embrasser, mais sa fille a les yeux grands ouverts – fait des bulles de salive, la bouche collée sur l'oreiller. Pourquoi elle dort pas? La Mère est fâchée, sa fille devrait se reposer. Elle devrait surtout pas être couchée sur le ventre. Elle la tourne sur le dos

ORACLE
Et lui rattache les chevilles aux barreaux du lit.

PRÉPOSÉE
Dans cuisine

GÉRANT
VAS-TU 'A RAMASSER, LA CRISSE D'ASSIETTE?

PRÉPOSÉE
La Mère répond pas. Va à l'évier, prend une autre assiette

GÉRANT
PAS CELLE-LÀ, CRISSE D'ÉPAISSE! CELLE QUE T'AS PÉTÉE.

PRÉPOSÉE
AS-TU FAIM ?

GÉRANT
Le Père répond pas.

PRÉPOSÉE
-TU MANGÉ ?

GÉRANT
QU'EST-CE TU VEUX QUE JE MANGE ? TA CRISSE DE

PRÉPOSÉE
Elle lui laisse pas le temps de parler de la crisse de pizz, la Mère lui pitche l'assiette par la tête – frisbee. Il se penche, l'assiette va se fixer dans le mur – tac ! –, juste au-dessus de sa tête. L'assiette pète pas, parce que c'est pas une assiette, c't un couvercle de chaudron. Il se lève

GÉRANT
Le Père se lève, la chaise tombe : C'EST QUOI TON HOSTIE DE PROBLÈME ?

PRÉPOSÉE
Il a pas le temps de se rendre, elle a déjà le balai dins mains. Il a pas le temps de se protéger – smack ! –, lui pète le balai s'a tête, mais je veux dire le balai pète pas

GÉRANT
Le Père tombe à terre, la main sur le front : CALICE DE FOLLE

PRÉPOSÉE
-TU ENCORE FAIM ? Elle tape encore, des petits coups secs, mais forts. Il pleure

GÉRANT
Pleure pas. QUOI L'HOSTIE D'AFFAIRE ?

PRÉPOSÉE
Il saigne sur une partie du prélart arraché – parfait. Le balai – la Mère y met le bout du manche sous le nez. Il bouge pas

GÉRANT
Il bouge pas, la lampe de la cuisine se balance – l'ombre de la Mère sur les armoires – immense

PRÉPOSÉE
QUI C'EST QUI EST ALLÉ DANS CHAMBRE LE DERNIER ?

GÉRANT
COMMENT TU VEUX QUE

PRÉPOSÉE
T'ÉTAIS DANS CUISINE, T'AURAIS PU ENTENDRE QUE'QUE CHOSE ?

GÉRANT
RIEN ENTENDU.

PRÉPOSÉE
SI T'AS RIEN ENTENDU C'EST SÛREMENT PARCE QUE C'ÉTAIT TOI !

GÉRANT
À QUOI TU VEUX EN VENIR ?

PRÉPOSÉE
EST MALADE, TABARNAC ! ME SEMBLE C'EST CLAIR ? ELLE DOIT PAS SE LEVER

GÉRANT
JE L'AI PAS BOUGÉE

PRÉPOSÉE
BEN VEUX-TU ME DIRE QU'EST-CE QU'A FAISAIT SUR LE VENTRE ?

ÉTALAGISTE
Le Frère entre dans cuisine – se tient loin

GÉRANT
VIENS CITTE, TOI, CALICE !

ÉTALAGISTE
Il bouge pas

GÉRANT
-TU RENTRÉ DANS CHAMBRE ?

ÉTALAGISTE
QUAND ÇA ?

GÉRANT
PAS HIER CERTAIN.

ÉTALAGISTE
Le Frère recule.

PRÉPOSÉE
La Mère avance. C'EST TOI QUI L'AS DÉTACHÉE ?

ÉTALAGISTE
J'Y AI PAS TOUCHÉ.

PRÉPOSÉE
T'ES BEN MIEUX MON TIT CRISSE SINON C'EST TOI QUI L'AMÈNE À 'PITAL.

GÉRANT
La Mère est de dos. Le Père en profite – se lève, pogne le balai

PRÉPOSÉE
LÂCHE ÇA.

GÉRANT
TOI, LÂCHE ÇA. Lui arrache le balai, la pousse avec le pied – son cul à terre – gros cul. Magnifique.

PRÉPOSÉE
La Mère le regarde. ENVOYE ! FRAPPE. PROFITES-EN.

ÉTALAGISTE
Le balai dins airs, le Père gueule

GÉRANT
Il tape sur le frigidaire – deux fois, le balai pète pas. CALICE

PRÉPOSÉE
Il essaie de péter le balai sur son genou – TAPETTE ! Il fend même pas

ÉTALAGISTE
Il accote le balai sur le comptoir de la cuisine, essaie de le casser avec son pied, mais le balai glisse

GÉRANT
TABARNAC ! Le Père lâche le balai – prend une chaise

PRÉPOSÉE
Il lève la chaise, accroche l'ampoule du plafond – son ombre au plancher

GÉRANT
Il pitche la chaise contre le mur

ÉTALAGISTE
La chaise rebondit, retombe droite, casse pas – IKEA.

PRÉPOSÉE
Elle part à rire

ÉTALAGISTE
Incroyable

GÉRANT
Le Père pogne la Mère par les cheveux, la traîne jusqu'à l'assiette pétée

PRÉPOSÉE
Un petit morceau d'assiette lui rentre dans main. Elle crie

GÉRANT
Le Père y colle la face dins morceaux : RAMASSE, J'AI DIT ! Elle braille

PRÉPOSÉE
Braille pas. Elle se débat

ÉTALAGISTE
Le Frère saute sur le Père

GÉRANT
Dans le dos. Le Père recule, écrase le Frère contre le frigidaire

PRÉPOSÉE
LE FRIGIDAIRE ! Tout' les aimants tombent à terre

GÉRANT
Le Père le swing

ÉTALAGISTE
Le swing – sacre le Frère à terre

GÉRANT
Le Père lui fait une prise – l'étau. La tête du Frère entre ses genoux, il serre

ÉTALAGISTE
Le Père trouve ça drôle

GÉRANT
Parce qu'il voit sa tête à l'envers – sa bouche à l'envers. Ça y fait comme une face de lutin. Les cheveux, c'est sa barbe. Le menton, son crâne pointu

ÉTALAGISTE
Le Frère crie

GÉRANT
Avec des plis à place de la bouche, une bouche au milieu du front

PRÉPOSÉE
Une longue coulisse de bave

ÉTALAGISTE
Le Père crache dans bouche du Frère

GÉRANT
Le Frère s'étouffe – braille

ÉTALAGISTE
Il braille pas, il reprend son souffle – se déprend

GÉRANT
Non, c'est le Père qui s'enlève.

PRÉPOSÉE
Les trois, assis dans cuisine – pas un mot – respirent. Poc ! Le couvercle du chaudron se déprend du mur – de la fente, tombe à terre, roule

ÉTALAGISTE
Le couvercle évite le mur, la chaise. Il fait des cercles de plus en plus petits – tourne sur lui-même, de plus en plus vite – trrr ! –, s'arrête.

PRÉPOSÉE
Elle se lève, le ramasse

GÉRANT
Se lève, va pisser

ÉTALAGISTE
Se lève, la tévé – Nintendo – Super Mario

PRÉPOSÉE
Cuisine – salon. Elle regarde son fils jouer. Il est bon. 'N AS-TU TROUVÉ ?

ÉTALAGISTE
Pause – Mario en suspension. Lui donne le quart

PRÉPOSÉE
LA CARTE

ÉTALAGISTE
Lui donne la carte de guichet. Mario retombe, kick la tortue

PRÉPOSÉE
Vide le sachet sur la table, fais quatre lignes avec la carte, roule un dix, en sniffe une

GÉRANT
Dans le salon – cellulaire, bière, pizza froide. Boîte sur les genoux, le Père lance ses croûtes au Frère

ÉTALAGISTE
CALICE. Niveau trois – la glissoire de glace.

GÉRANT
-TU ACHETÉ DES MAGAZINES ?

ÉTALAGISTE
Y AVAIT RIEN SUR CÉLINE.

GÉRANT
UN KODAK ?

ÉTALAGISTE
IL ME RESTE UN JETABLE. Déconcentré – perd une vie

PRÉPOSÉE
PASSE-MOI ÇA. Mario glisse, surf – rien que des courbes. La manette craque. OKAY ! La Mère s'est jamais rendue jusque-là – pause. Une autre ligne, racle – avale. Dépause, continue

GÉRANT
LE BONUS. Elle prend jamais ses bonus

ÉTALAGISTE
LE PASSAGE SECRET

PRÉPOSÉE
VOS YEULES ! Mario break dans glissoire, patine-patine, fait de la steam, revient sur ses pas – cent quatre-vingt – fait face au mur de glace

ÉTALAGISTE
Se voit dedans, passe au travers

GÉRANT
Lumière dans fenêtre. Leurs ombres s'allongent, se tordent

ÉTALAGISTE
Courent dans le salon, sur les murs – tournent autour

GÉRANT
La gratte passe dans le désert de – du stationnement vide

ORACLE ferme les yeux.

ORACLE
Ferme les yeux. Maintenant, imagine la vie que t'aurais si t'étais toujours couchée. Imagine la vie d'Isabelle, la fan de Céline, couchée dans sa chambre, sa chambre de fille malade, les rideaux toujours fermés – à des années-lumière de la chambre de son idole à Las Vegas. Imagine la peinture jaunie, la tapisserie qui décolle, les rideaux poussiéreux, imagine la commode, le miroir cassé de la chambre, des fleurs en plastique pour mettre de la couleur. Imagine les posters, les photos, les articles de Céline qui tapissent les murs, et collé contre un mur, poussé dans un coin, le lit trop petit d'Isabelle, mais qui

prend toute la place dans la chambre. Imagine Isabelle couchée sur son matelas, qui rêve à Céline, parce que tout ce qu'elle peut contre la maladie, c'est rêver à Céline. Son seul espoir, c'est Céline, même si Isabelle guérira pas. Isabelle est au dernier stade de la maladie. La seule chose qui la garde en vie, c'est Céline – les photos, les articles, les chansons de Céline. Céline, c'est toute sa vie et dans sa vie, tout est Céline. Isabelle est fan de Céline, mais sans Céline, Isabelle serait pas fan, elle serait donc rien. Elle serait juste un corps sans nom. Je dirais : « Céline est morte » qu'Isabelle se mettrait à se décomposer, ou même mieux, je dirais : « Céline, c'est comme le père Noël, elle existe pas pour vrai » qu'Isabelle – éclaterait, irait se répandre sur les murs – exploserait, et quand tu t'es bien imaginé tout ça, quand t'arrives à sentir jusqu'à l'odeur de la chambre, jusqu'aux ressorts défoncés du matelas – matelas taché, sans draps d'Isabelle, quand les ressorts se mettent à te faire mal, tu te rentres les doigts

PRÉPOSÉE

La Mère d'Isabelle ouvre les yeux : QUOI ? Le bleu de la tévé, la ligne de coke – entend du bruit, sort du salon, entre dans chambre. Sa fille – en sueur, en crise. A RECOMMENCE !

GÉRANT

Le Père ouvre les yeux : le bleu de la tévé

PRÉPOSÉE

C'est pas juste les pieds qu'il faudrait lui attacher

ÉTALAGISTE

Le Frère entend sa Mère crier

PRÉPOSÉE

VENEZ M'AIDER. Elle s'est jouée dedans – les mains pleines de sang

GÉRANT

Le Père entre dans chambre. Sa fille crie, mais sans crier, bouche ouverte – yeux plissés

PRÉPOSÉE

TIENS-LA.

ÉTALAGISTE

Le Frère entre dans chambre

GÉRANT

Le Père prend ses poignets – par-derrière, parce qu'elle essaye de le mordre. Il tient les poignets d'une main, de l'autre il lui prend le menton, mord un doigt CALICE

PRÉPOSÉE

SACRE PAS ! Elle se débat

GÉRANT

METS-Y UN DISQUE !

ÉTALAGISTE

Le Frère court vers les disques, dans le noir – se frappe contre la commode

PRÉPOSÉE

LES PHOTOS DE CÉLINE, AVANT.

ÉTALAGISTE

Sur la commode – prend l'appareil jetable

PRÉPOSÉE
SONT OÙ ?

GÉRANT
REGARDE EN DESSOUS. Elle essaye de le lécher.

PRÉPOSÉE
Ramasse un vieux magazine sous le lit, l'ouvre en page centrale : « CÉLINE ET RENÉ FONT LA GRASSE MATINÉE »

ÉTALAGISTE
Cherche le bon angle – trop sombre

GÉRANT
REGARDE. Elle veut pas – secoue la tête

PRÉPOSÉE
Tourne la page

ÉTALAGISTE
Crinque – allume le flash

PRÉPOSÉE
Lit la légende sous la photo : « CÉLINE CHERCHE UN NOM POUR SON BÉBÉ. »

GÉRANT
Avec les doigts, lui ouvre les yeux

ÉTALAGISTE
Le flash part tout seul

PRÉPOSÉE
« JE VEUX QUE MON ENFANT SACHE À QUEL POINT IL ÉTAIT ATTENDU, DÉSIRÉ »

ÉTALAGISTE
Elle fige

PRÉPOSÉE
« À QUEL POINT SON PÈRE AIMAIT SA MÈRE, SA MÈRE AIMAIT SON PÈRE »

GÉRANT
Ses bras se détendent

PRÉPOSÉE
« À QUEL POINT TOUTE LA FAMILLE S'AIMAIT ET L'ATTENDAIT. »

GÉRANT
REGARDE. Elle fixe la photo, sourit. Le Père peut lâcher ses poignets

PRÉPOSÉE
La Mère fait signe au Frère de s'approcher. « JE SUIS UNE FEMME COMBLÉE. »

GÉRANT
Elle se redresse, prend la même pose que dans le magazine

PRÉPOSÉE
« CÉLINE PORTE DU CHANEL. »

ÉTALAGISTE
Le Frère met son œil dans le viseur

ORACLE
Il voit son Père, de dos – son dos entièrement couvert de poils

GÉRANT
PRENDS UNE PHOTO. VITE.

ÉTALAGISTE
Clic! Le flash part

ORACLE
Sa mère a les yeux mi-clos, figée dans une espèce de début de sourire

GÉRANT
PRENDS-EN UNE AUTRE.

ÉTALAGISTE
Crinque –

PRÉPOSÉE
« CÉLINE A DES PROJETS DE FILMS. »

ORACLE
On dirait qu'elle est juste en train de lui lire une histoire – comme pour l'endormir

ÉTALAGISTE
Clic!

ORACLE
Ce qui est étrange, c'est pas son sourire. C'est le fait que sa Mère ait les seins nus

PRÉPOSÉE
La Mère recule

ÉTALAGISTE
Le flash part

ORACLE
De la manière que son bras est placé, on comprend que le Père est en train d'enlever sa ceinture

GÉRANT
Le Père se lève

PRÉPOSÉE
METS UN DISQUE.

ORACLE
On voit jamais son Frère. C'est lui qui prend les photos

ÉTALAGISTE
Le Frère se tourne. JE VAS METTRE UN DISQUE.

ORACLE
Elle, on la voit pas beaucoup. Son visage est flou.

PRÉPOSÉE
PÈSE SUR « PLAY ».

ORACLE
Les taches blanches de chaque côté du lit, c'est ses pieds

GÉRANT
« PLAY ! » PÈSE SUR « PLAY » !

ORACLE
On voit pas ses yeux – pis sa bouche fait comme une tache sombre

PRÉPOSÉE
IL VA-TU FINIR PAR JOUER ?

ORACLE
C'est là qu'on comprend qu'elle a les yeux fermés et qu'elle crie, bouche ouverte – yeux plissés

GÉRANT, PRÉPOSÉE, ÉTALAGISTE
« PLAY ! »

La chanson Partout je te vois *retentit. GÉRANT, PRÉPOSÉE, ÉTALAGISTE pleurent, bouches ouvertes, yeux plissés.*

ORACLE
Continue.

PRÉPOSÉE
La peau sur les os

ÉTALAGISTE
Les joues –. Les poignets gros comme ça

GÉRANT
Le ventre gonflé, ballonné

ÉTALAGISTE
Comme une femme enceinte, d'au moins –

GÉRANT
Mais non. Malnutrition ou

PRÉPOSÉE
Elle arrivait à peine à marcher

ÉTALAGISTE
Elle marchait pas. Ils la traînaient

PRÉPOSÉE
La Réceptionniste en avait vu, du monde scrap, surtout depuis qu'elle avait déménagé à Sherbrooke. Mais là – celle-là, avec sa – robe

ÉTALAGISTE
« Un squelette », a pensé le Gardien de sécurité

PRÉPOSÉE
Au comptoir – la guerre. Sa Mère disait qu'elle faisait « encore » une indigestion. Son Père, qu'elle faisait « semblant » – en souriant

GÉRANT
Comment son Père pouvait sourire?

PRÉPOSÉE
C'était clair qu'elle avait rien avalé depuis longtemps, pis qu'elle s'était pas lavée non plus. Ils l'avaient amenée à l'hôpital parce qu'ils étaient « plus capables de l'entendre. »

ÉTALAGISTE
Les parents – on aurait dit qu'ils lui en voulaient d'être malade.

PRÉPOSÉE
La Réceptionniste leur a dit d'aller s'asseoir. Elle a entendu la Mère dire : « T'es contente, là? Tu l'as, ton show? »

ÉTALAGISTE
Incroyable

GÉRANT
Elle : pas un mot. Elle regardait droit devant elle – dans le vide

ÉTALAGISTE

Son Frère prenait des photos de la salle d'attente – avec un appareil jetable.

PRÉPOSÉE

La Réceptionniste s'entendait plus penser

ÉTALAGISTE

On entendait plus rien que le petit bruit fatigant de l'appareil jetable que le Frère crinquait, crinquait. Une famille de fous

GÉRANT

Quand le Médecin a appelé son nom, ils se sont pas levés – personne a réagi, même pas Isabelle

PRÉPOSÉE

Il a fallu que l'Infirmière

GÉRANT

Pas l'Infirmière, la Réceptionniste

PRÉPOSÉE

L'Infirmière qui faisait ÉGALEMENT la réception –

ORACLE

L'Infirmière-Réceptionniste

PRÉPOSÉE

Que l'Infirmière-Réceptionniste aille la chercher – prenne Isabelle par le bras, mais ils voulaient pas la lâcher

ÉTALAGISTE

Ils voulaient pas la laisser partir

GÉRANT
Ils voulaient pas lui laisser passer l'examen toute seule. Le Médecin a fermé les yeux, comme pour se retenir de

ÉTALAGISTE
Il a fallu que le Gardien leur fasse des menaces – le seul langage que ce monde-là comprend.

GÉRANT
Le corps d'Isabelle sur la table d'examen – une tache sur le papier blanc. Le Médecin a pas attendu de l'examiner

PRÉPOSÉE
Je veux dire, c'était clair en la regardant : misère, violence, pauvreté

GÉRANT
Le Médecin est tout de suite allé dire aux parents qu'il la gardait – qu'ils pouvaient rentrer

PRÉPOSÉE
La Mère s'est fâchée, comme si elle s'était fait jouer un mauvais tour

GÉRANT
Le Père : « Pourquoi elle nous fait ça ? »

ÉTALAGISTE
Le Frère pleurait – le Gardien lui avait confisqué son appareil photo. Il allait le « ravoir demain », s'il était sage.

PRÉPOSÉE
L'Infirmière-Réceptionniste a vérifié avec le Père qu'elle avait le bon numéro de téléphone – son cellulaire, qu'elle pourrait les rejoindre en cas d'urgence, en sachant très

bien qu'elle les appellerait pas, même en cas d'urgence. « Les dernières personnes à appeler en cas d'urgence », a pensé l'Infirmière-Réceptionniste

ÉTALAGISTE
Le Gardien de sécurité leur a donné l'ordre de rentrer à maison.

GÉRANT
Durant l'examen, le Médecin a demandé à Isabelle où elle s'était fait les bleus, s'il s'était passé quelque chose – un accident. Elle disait rien – répondait pas, comme si elle comprenait pas. L'infection était très avancée. Le ventre d'Isabelle était dur, violacé. On pouvait voir des veines immenses courir sous la peau. Ascite ? Fibrome ?

PRÉPOSÉE
Sûrement le résultat d'un avortement maison – qu'elle s'était fait elle-même ou – plus probablement

GÉRANT
Mais le Médecin a pas parlé d'avortement à Isabelle. Il attendrait les résultats – qu'elle voie le Psychiatre.

PRÉPOSÉE
Dans le bain, Isabelle se cachait le sexe avec les mains – se protégeait. En lui frottant le dos, l'Infirmière a pensé : « C'est pas une indigestion qui peut couper des chevilles jusqu'au sang. » Isabelle voulait rien avaler, ni ouvrir la bouche. L'Infirmière lui a donné ses médicaments par intraveineuse

ÉTALAGISTE
Quand le Gardien de sécurité est entré dans la chambre, Isabelle dormait. Il a déposé l'appareil jetable sur la table de chevet, près du miroir, des fleurs – bien en évidence.

PRÉPOSÉE
Isabelle a dormi durant douze heures. L'Infirmière avait pris soin de fermer les rideaux. Le lendemain, l'Infirmière est entrée en poussant lentement son chariot, sans faire de bruit. Quand elle a ouvert les rideaux, Isabelle était déjà debout – les yeux grands ouverts, je veux dire. L'Infirmière lui a demandé si elle avait / bien dormi

ORACLE
L'Infirmière-Réceptionniste arrête de parler quand elle voit Isabelle.

PRÉPOSÉE
Pourquoi ?

ORACLE
Son ventre

PRÉPOSÉE
Quoi, son ventre ?

ORACLE
Le ventre d'Isabelle a grossi.

ÉTALAGISTE
Le Psychiatre entre dans la chambre. Quand il voit le ventre d'Isabelle, il comprend pas que l'Infirmière-Réceptionniste soit pas déjà en train de courir – d'appeler le Médecin

PRÉPOSÉE
Elle VEUT PAS lui faire peur ! Est pas en train de crier – pas l'air d'avoir mal. L'Infirmière-Réceptionniste fait des gros yeux au Psychiatre et sort calmement

ÉTALAGISTE
Le Psychiatre installe la table de lit, même si c'est pas sa job. Il dit : « Bon matin », comme si de rien n'était. Isabelle répond pas – rien. Il dépose le plateau et l'installe, lui met un oreiller dans le dos. Isabelle se laisse faire, fait toujours rien – sourit. Choc nerveux ? Schizophrénie ? Le Psychiatre prend la petite cuillère, la salade de fruits

ORACLE
Isabelle prend le stylo du Psychiatre, dans la poche de sa chemise.

ÉTALAGISTE
Le Psychiatre est content. Isabelle tente, à sa manière, de prendre contact – veut jouer

ORACLE
Isabelle veut écrire.

ÉTALAGISTE
Le Psychiatre prend une feuille de papier – son pad – lui donne

ORACLE
Isabelle écrit.

ÉTALAGISTE
Quoi ?

ORACLE
Une lettre.

ÉTALAGISTE
Qu'est-ce qu'elle dit, dans sa lettre ?

ORACLE
Le Psychiatre a pas le temps de lire, l'Infirmière arrive par-derrière et prend la lettre

PRÉPOSÉE
L'Infirmière prend la lettre et la lit

ORACLE
Pas l'Infirmière

PRÉPOSÉE
L'Infirmière-RÉCEPTIONNISTE

ORACLE
Pas elle, une autre. L'Infirmière de nuit

ÉTALAGISTE
/Comment ça?

GÉRANT
Depuis quand?

ORACLE regarde ÉTALAGISTE.

ORACLE
Le Psychiatre voit la main de l'Infirmière de nuit prendre la lettre, voit son bras de nuit

ÉTALAGISTE
Le Psychiatre ferme les yeux

ORACLE
Ses yeux peuvent pas se fermer, ses yeux peuvent juste voir, monter le long du bras de l'Infirmière

ÉTALAGISTE
Tourne la tête

ORACLE
Peut pas – voit son tablier

ÉTALAGISTE
Regarde pas

ORACLE
REGARDE l'étiquette sur le tablier, le nom sur l'étiquette

ÉTALAGISTE
REGARDE PAS

ORACLE
TROP TARD. Le Psychiatre est obligé de lire mon nom : ORACLE. Il est obligé de voir mes yeux qui le regardent, le regardent droit dans les yeux. Je m'éloigne, recule avec la lettre, glisse comme une ombre – vers le miroir. Je prends les fleurs de l'hôpital – les fleurs en plastique –, prends l'appareil jetable. Je m'arrête devant le miroir. Je te regarde. Tu me regardes. On se sourit – disparaît.

ORACLE regarde face public.

GÉRANT
Le Médecin entre dans la chambre

PRÉPOSÉE
L'Infirmière-Réceptionniste entre dans la chambre

GÉRANT
Le Médecin fige

ÉTALAGISTE
Le Psychiatre peut pas bouger – les yeux rivés au miroir

PRÉPOSÉE
L'Infirmière met une main sur sa bouche

ÉTALAGISTE
Le Psychiatre voit leurs reflets, figés. Tourne – peut tourner, enfin – lentement tourne la tête vers Isabelle.

GÉRANT
Le Médecin s'approche du lit

PRÉPOSÉE
L'Infirmière derrière lui.

GÉRANT
Le ventre d'Isabelle est énorme.

PRÉPOSÉE
On dirait – qu'il gonfle.

GÉRANT
Le Médecin a vu les rayons X. L'ascite cachait un cancer – une immense tumeur. Le Médecin a en tête l'image en négatif d'une tumeur qui grossit – à vue d'œil

PRÉPOSÉE
Isabelle crie pas – je veux dire : a pas l'air de souffrir

GÉRANT
Isabelle sourit. Elle donne un stylo au Psychiatre

ÉTALAGISTE
Le Psychiatre reprend son stylo

GÉRANT
Le Médecin pose une main sur le ventre d'Isabelle – délicatement. Il dit : « Comment tu te sens aujourd'hui ? »

ORACLE
Et là tu dis : « Je me sens bien. Tout le temps. »

ÉTALAGISTE
Mais les lèvres d'Isabelle bougent pas – restent fermées.

PRÉPOSÉE
Qui dit : « Je me sens bien. Tout le temps » ?

GÉRANT
Le Médecin prend pas son stéthoscope, il pose directement l'oreille sur le ventre d'Isabelle

ORACLE
Le Médecin entend : « Moi. »

GÉRANT
La voix – la voix vient du ventre

ORACLE
Et là tu dis : « Je m'appelle Caro. Je suis la plus grande admiratrice. »

GÉRANT
Le Médecin remonte lentement la jaquette d'Isabelle

PRÉPOSÉE
Le ventre – l'intérieur – complètement noir

ÉTALAGISTE
Le psychiatre peut pas regarder

GÉRANT
Gonflé – un liquide noir

ÉTALAGISTE
Mais ses yeux cherchent, cherchent quand même, sont OBLIGÉS DE CHERCHER. Entre les cuisses, il manque quelque chose – le sexe, l'anus

ORACLE
Isabelle a plus de trou, plus de fente. Pas de sortie, sauf la bouche, parce que tout passe par la bouche, qui s'ouvre, enfin. Isabelle peut, enfin. Elle peut enfin parler, veut parler – trop tard. L'air coupe, les cordes vocales bloquent, la bouche se remplit, déborde, s'ouvre sur une rivière de bile noire qui sort à l'horizontale, tombe, éclabousse le blanc des draps, du lit. Isabelle vomit, se vide le ventre, complètement, interminablement. La bile déborde, coule sur le plancher blanc, se répand dans la chambre d'hôpital. Le Médecin, l'Infirmière, le Psychiatre patinent vers la porte, tombent, se relèvent, retombent, en hurlant, brûlants. Ils fondent, noircissent, disparaissent sous la surface, la vague barbotante du dégueulis. Isabelle vomit jusqu'au vide, à l'infini, bouche ouverte, yeux sortis, le nombril qui touche à la colonne vertébrale. À l'intérieur, quelque chose se renverse – comme un gant. Quelque chose monte, sort, se suit : un long foulard de mouchoirs attachés – de la magie. Le foie, les reins, l'estomac, les intestins – floc! – avec au bout les poumons qui se dégonflent, le cœur qui se débat. Pendu à sa bouche : son œsophage, sorti, renversé. Elle prend l'œsophage entre ses doigts, par

réflexe veut tirer, mais se dit : « Ravale, ravale. » Elle veut ravaler son cœur, prend son cœur, ouvre la bouche, mais son épaule se disloque et le reste suit. Son bras gauche rentre par en dedans au fur et à mesure qu'elle le vomit. Les os s'arrachent aux muscles, tombent – un petit tas blanc à ses pieds –, jusqu'à ce que son bras lui pende par la bouche, vidé, renversé. Elle s'approche du miroir, observe l'intérieur renversé de son bras, les veines, les nerfs, exactement comme un énorme doigt de gant de plastique rouge renversé. Flush ! Quelqu'un tire la chasse d'eau, mais elle se demande pas qui est-ce qui est aux toilettes, elle essaie seulement de ravaler son bras avant que la personne sorte. « Ravale, ravale », mais elle se vomit le bras droit, qui se vide, se renverse, suivi de la jambe gauche – tombe à terre –, et de la jambe droite – glisse sur le dos. Sur le dos, avec quatre tubes de viande qui lui sortent par la bouche, elle pense : « Mon Dieu que je dois avoir l'air ridicule » et se vomit la cage thoracique avec la colonne vertébrale qui en passant lui arrache les dents, la mâchoire. Dans un pop ! son crâne éclate – la matière grise coule comme du ciment frais. Sa tête rentre par en dedans – une perruque molle –, se renverse par sa bouche et une fois les morceaux de crâne recrachés, elle peut se vomir le bassin et le reste de la colonne vertébrale jusqu'au coccyx, qui passe par la bouche, bouche qui au passage se renverse, se vomit. Tu te demandes pas comment on peut vivre sans squelette, tu te demandes seulement si quelqu'un t'a vue, et tu trouves le moyen de te tenir sur tes jambes molles et renversées, et, de tes mains molles et renversées, de trouver dans les replis de ton visage renversé les nerfs optiques pour tirer dessus et te sortir les yeux. Même si les globes oculaires s'agitent dans tous les sens, tu peux voir le blanc de l'évier, le robinet, l'eau qui coule. Enlève les doigts de ta bouche, lève la tête, regarde dans le miroir. Tu peux voir l'épinglette de ton nom dans le miroir, lire les lettres de ton nom, précédées de ton numéro d'employé : 31CARO. À l'envers, ça fait : ORACLE. Je te regarde. Tu me regardes. On se sourit. Vite, Caro. Cache les fleurs en plastique dans ton sac à dos.

PRÉPOSÉE
Je sors des toilettes.

ORACLE
Tu vois dans le miroir la Préposée aux cosmétiques sortir des toilettes.

PRÉPOSÉE
Je regarde Caro : Pauvre tite.

ORACLE
Essuie-toi la bouche, ferme le robinet.

PRÉPOSÉE
Je vas à côté d'elle – l'évier à côté du sien. Je dis : « Ça passe pas ? »

ORACLE
Dans les haut-parleurs du plafond : Céline en sourdine.

PRÉPOSÉE
J'ouvre l'eau, pour rien – me lave les mains. J'aperçois son sac à ses pieds. Je dis : « Qu'est-ce tu fais après la job ? » Imagine une soirée avec Caro : la mort.

ORACLE

Tu vas pour dire : « Je vas écouter le dernier DVD de Céline », mais t'as pas le temps, la musique coupe au beau milieu du refrain. « On demande la 31 à la caisse numéro 8. » Tu t'essuies les mains sur ton tablier alors qu'y a un sèche-mains, mais la Préposée aux cosmétiques est déjà au sèche-mains

PRÉPOSÉE

L'air chaud est pas très chaud, je frotte fort – la regarde sortir. Je dis : « Viens manger avec nous autres, durant le lunch » – par remords.

ORACLE

Ouvre la porte – le refrain se noie dans la rumeur du magasin. Va ranger ton sac dans la salle des employés, longe le corridor, débarque sur le plancher : section 7 « Sous-vêtements pour homme ». Céline joue un peu plus fort. L'Étalagiste est en train de parler à la nouvelle, fait semblant de pas te voir. Il pense à ce qu'il va lui dire pour la faire rire. La nouvelle rit de toute façon, peut-être parce qu'elle a vu un bout d'intestin dépasser de ton tablier

ÉTALAGISTE

Caro passe en rattachant son tablier. Je fais semblant de pas la voir –ramasse un papier à terre, même si c'est pas ma job. Incroyable. Elle passe son temps aux toilettes – toutes ses heures de break.

ORACLE

« Le plus dur dans le travail, c'est les autres – entendre les autres, leurs pensées. » Tu te demandes s'il existe un travail où on est tout seul – vraiment tout seul. Gardien de phare. Section 12 « Bottes et chaussures », on entend clairement les paroles de la chanson *Partout je te vois.* Un vendeur siffle l'air pendant qu'il prépare une paire de souliers – enlève le papier. Attention, au bout de la 13 : le Gérant te regarde, les bras croisés

GÉRANT
Y a deux types d'employés : ceux qui travaillent et ceux qui font semblant – simple de même.

ORACLE
Tu penches la tête – presses le pas, même si c'est difficile de presser le pas avec des jambes molles et renversées.

GÉRANT
Je la fixe, sans rien dire. Efficace.

ORACLE
La caissière de la caisse numéro 7 a encore le téléphone dans la main – l'essuie, raccroche. On entend le clic couper la chanson, quand à la fin Céline tient la note. Va à ta caisse, enlève le triangle « CAISSE SUIVANTE », attends. La caissière de la caisse numéro 7 soupire, dit : « Passez à la caisse suivante, s'il vous plaît », en criant presque. Les clients avaient compris, c'est juste qu'ils faisaient le calcul entre changer de file et courir le risque de perdre leur place.

GÉRANT
Dans le fond, y a deux types d'employés : ceux qui volent et ceux qui volent pas.

ORACLE
L'avant-dernier de la file finit par bouger – trop tard, le dernier de la file a été plus vite que lui. Il se précipite à

ta caisse – passe devant. Tu dis : « Avez-vous votre carte de crédit Wal-Mart ? », comme un reproche

GÉRANT
Je regarde la 31 parler au client : sourit pas assez.

ORACLE
Carte de guichet – passe pas : erreur de NIP. Le client a la tête ailleurs – pas concentré.

GÉRANT
Je passe derrière la caisse numéro 8. Ses souliers sont réglementaires.

ORACLE
Le client qui s'est fait dépasser dépose son robot culinaire. Il prend un DVD de Céline sur le présentoir – sourire – connivence.

GÉRANT
Le client paie comptant.

ORACLE
Tu dis : « Merci et bonne journée. »

GÉRANT
« Bonne journée et merci d'avoir magasiné chez Wal-Mart », mais je reprends pas la 31. J'y dis : « Caro, tu passeras me voir à mon bureau. Quand t'auras le temps. » Sous-entendu : « Au début de ton heure de lunch. »

ÉTALAGISTE
Je marche vers les caisses, vois le Gérant derrière Caro : l'éternel training.

GÉRANT
Je vois l'Étalagiste qui se cherche de la job. Je rentre dans l'allée centrale, marche jusqu'à la 21 « Section Jouets ».

ÉTALAGISTE
Je rattrape le Gérant, marche derrière lui – cours presque. J'attends les ordres.

ORACLE
La section 21 les avale. L'allée centrale est vide. T'as plus de clients à ta caisse. Tu regardes la caissière numéro 7. Est de dos, parle à la caissière numéro 6. Si la caissière numéro 7 parle avec la caissière numéro 6, la numéro 5 parle avec 4, la 3 avec la 2, avec qui parle la caissière de la caisse numéro 1 ? Pas le temps de parler à personne, elle a toujours des clients, c'est la caisse des « Deux articles et moins ». Un travail de nuit. Gardienne de sécurité – de centre d'achats. Là tu serais vraiment toute seule. Tu te promènerais dans les corridors. Y aurait personne pour te voir. Les mannequins te feraient pas peur. T'annoncerais au C.B. : « Check-up chez Wal-Mart ». Tu sortirais tes clés, t'ouvrirais les portes accordéon et une fois de l'autre côté t'enlèverais ta casquette, ton uniforme. T'aurais plus besoin de te cacher dans les toilettes. Tu marcherais toute nue dans les sections. Tu te choisirais des fleurs dans la 17 « Décoration intérieure ». Tu partirais l'escalier-roulant, tu monterais au deuxième. Tu te choisirais un lit dans un démonstrateur de chambre avec un miroir, une commode. Tu te mettrais un DVD – jamais le même. Une nuit ça serait le spectacle au Stade de France, une autre celui au – . Une cliente

apparaît devant toi, te fait faire le saut. Elle dit : « Allô, ma belle », mais sans te regarder. Elle fouille dans sa sacoche, tête baissée. On peut pas voir ses yeux, à cause de ses lunettes fumées. Tu cherches le produit – trouves pas le produit, qu'est-ce qu'elle a acheté ? T'aperçois enfin la bouteille de parfum – quelque chose de cher –, le parfum *Celine Perfume*. Tu prends la bouteille de parfum, bip ! la passe, va pour dire le montant, mais le montant est déjà sur le comptoir, à la cenne près et tout le sens de la chanson *Incognito* se révèle à toi, d'un seul coup. T'as pas besoin de la regarder, tu sais que c'est elle. Elle pose une main sur ta main renversée et y a juste elle et toi dans le Wal-Mart vide et silencieux. Elle dit : « Ça fait longtemps que je te cherche », et tu pleures, sans pouvoir t'arrêter. Doucement, tu repousses l'argent vers elle et elle comprend que c'est l'occasion pour toi de lui rendre tout l'amour qu'elle t'a donné. Entre deux sanglots, tu lui dis : « Je suis ta plus grande admiratrice. » Elle te regarde alors avec tes yeux sortis de la tête, tes globes oculaires qui s'agitent, et te sourit. Elle t'aime, dans toute ta laideur. Elle prend un DVD *Live au Caesars Palace* sur le présentoir de la caisse, sort un crayon, le signe. Elle te donne le DVD, remet l'argent dans son porte-monnaie, la bouteille de parfum dans sa sacoche en disant : « Merci », mais sans dire merci, juste en articulant « merci », et s'en va rejoindre son Garde du corps, à l'entrée du Wal-Mart – disparaît. Sur le DVD, elle a écrit « Céline » en diagonale, et juste au-dessus : « À tantôt. » La caissière numéro 7 se demande qu'est-ce qu'y a de drôle, pour une fois que la numéro 7 s'intéresse, mais tu lui fais un « Tu pourrais pas comprendre » en essuyant une larme. C'est l'heure. Cache le DVD, ferme ta caisse, remets le triangle « CAISSE SUIVANTE » et marche dans l'allée centrale, sans presser le pas. Notre secret.

GÉRANT
Elle entre dans mon bureau sans frapper – en souriant.

ORACLE
Tu sais ce que le Gérant va te dire : que tes souliers sont pas réglementaires. Mais il sait pas ce que c'est de vivre sans squelette

GÉRANT
Elle s'assoit sans que je lui demande.

ORACLE
Mais quand il va apprendre que Céline en personne s'est présentée à ta caisse

GÉRANT
J'attends qu'elle voit.

ORACLE
Il va comprendre – lui va comprendre pourquoi tu lui as pas fait payer sa bouteille de parfum. Il va même te féliciter.

GÉRANT
Elle vient de voir.

ORACLE
Qu'est-ce que ton sac fait sur le bureau du Gérant ?

GÉRANT
Je dis : « Ouvre-le. »

ORACLE
Ouvre-le pas.

GÉRANT
Et là je dis : « Y a des choses que je peux comprendre et des choses que je peux pas comprendre. Qu'une employée file pas, que ça affecte son travail, à limite, ça, je peux comprendre. Mais qu'une employée qui file pas, dont le travail est GRANDEMENT affecté par ses états d'âme, se mette en plus à voler, ça, je peux pas comprendre. »

ORACLE
Dans ton sac : ton lunch, et les fleurs en plastique, avec l'étiquette.

GÉRANT
« Je comprends pas et je veux pas comprendre. » Pas de pitié. Je fixe les fleurs en plastique.

ORACLE
Comment il pourrait comprendre?

GÉRANT
Comment elle peut sourire?

ORACLE
Céline, elle, te comprend. Elle t'a cherchée. Elle t'a trouvée. Elle a écrit « à tantôt ». Elle t'attend. T'as le DVD pour le prouver – NON – montre-z-y pas. Dis rien de tout ça – notre secret. Prends ton sac

GÉRANT
Je prends quelque chose sur mon bureau – une feuille de commande. « Tu rentres pas demain. »

ORACLE
Lève-toi, mets ton sac à dos, sors du bureau du Gérant – sors du bureau, retraverse la section 7 « Sous-vêtements pour homme », entre dans le corridor, passe devant les toilettes. Entre dans la salle des employés. L'Étalagiste est assis à table, lit le journal. La Préposée aux cosmétiques attend devant le micro-ondes. Mets ton sac dans le casier

PRÉPOSÉE
Je l'ai vue faire – mettre les fleurs dans son sac-à-dos.

ORACLE
Sors ton lunch

ÉTALAGISTE
Je lève la tête : Caro.

ORACLE
Fais exactement comme si c'était le break

PRÉPOSÉE
Personnellement, je m'en sacre.

ORACLE
Fais comme si de rien

PRÉPOSÉE
Des fleurs en plastique, c'est vraiment pas grand-chose.

ÉTALAGISTE
Elle mange pas son lunch dins toilettes ? Il doit se passer quelque chose d'extraordinaire.

PRÉPOSÉE
J'aurais très bien pu fermer ma gueule.

ORACLE
Comme un jour ordinaire.

PRÉPOSÉE
Mais la vérité c'est que je peux pas la supporter – sa présence.

ORACLE
Même si Céline est apparue à ta caisse le jour de la sortie de son dernier DVD, dis rien – notre secret, à toutes les deux. Ça les ferait souffrir – la jalousie

ÉTALAGISTE
« Caro », c'est pas pour « Caroline ». Ses parents l'ont vraiment appelée comme ça, juste « Caro ».

PRÉPOSÉE
Y a quelque chose dans ses yeux de – mort.

ORACLE
Cache l'album signé « À tantôt – Céline » dans le fond de ton sac

ÉTALAGISTE
Je la vois pis je déprime. Avec sa moitié de nom.

ORACLE
Prends ton lunch, tourne-toi, regarde la Préposée droit dins yeux

PRÉPOSÉE
Je dis : « Ah ben, de la grande visite ! » C'était pas nécessaire.

ORACLE
Va t'asseoir en face de l'Étalagiste

ÉTALAGISTE
Je continue de lire mon journal, même si j'ai envie de lui hurler : « MAIS QU'EST-CE T'AS À SOURIRE, PAUVRE MONGOLE ? »

ORACLE
Et regarde. Regarde la première page du journal. En haut, tu peux voir la photo d'une actrice américaine la bouche ouverte. Au centre, la photo d'un père iraqien qui tient son fils mort dans ses bras – la bouche ouverte aussi, mais les yeux plissés. On dirait deux concurrents de *Star Académie*

PRÉPOSÉE
J'attends deux secondes après le bip, sors ma lasagne du micro-ondes, va m'asseoir à côté d'elle – par culpabilité.

ÉTALAGISTE
Je déteste quand on lit le journal en même temps que moi. Je tourne la page d'un coup sec.

PRÉPOSÉE
Je dis à Caro : « Qu'est-ce que tu t'es fait comme lunch ? »

ORACLE
En deuxième page, tu peux voir une pub complète de Céline. « Gagnez un voyage à Las Vegas pour voir Céline. » Tu vois Céline qui se maquille devant un miroir, dans sa loge

PRÉPOSÉE
Elle répond pas – envie de la frapper.

ÉTALAGISTE
Je pose le journal sur la table pour qu'elle puisse plus le lire. Je dis : « CALICE »

PRÉPOSÉE
Je dis : « Quoi ? »

ÉTALAGISTE
« CALICE » en parlant de l'article, mais c'était pour Caro – calice de sangsue.

ORACLE
L'Étalagiste a posé le journal sur la table. Tu peux difficilement lire les titres de la troisième page, les mots sont à l'envers.

GÉRANT
Pourquoi je lui ai pas dit de partir maintenant ? Elle va sûrement profiter de son dernier après-midi pour voler autre chose, briser du matériel – se venger.

ORACLE
« ACCUSÉ » est assez facile à déchiffrer, à cause des deux « C »

PRÉPOSÉE
Je dis : « C'est-tu la fille de Sherbrooke qui est morte du cancer des ovaires ? », comme si y en avait une qui était morte du cancer du poumon, une du cancer de la prostate, une la jambe coupée, *et cætera* .

GÉRANT
Est pas aux toilettes – mauvais signe.

ORACLE
« ACCUSÉ D'AGRESSION » – « D'AGRESSION », à l'envers, ça fait : « NOISSERGAD. » Ça veut rien dire

ÉTALAGISTE
Je dis : « C'était pas juste le père, mais toute la famille. »

PRÉPOSÉE
Je dis : « Montre. »

GÉRANT
Est pas au jardin d'enfants non plus.

ORACLE
« ORACLE », ça veut dire quelque chose.

ÉTALAGISTE
Je regarde la photo de la victime quand elle était petite. Son sourire –insoutenable.

PRÉPOSÉE
« Montre. »

ÉTALAGISTE
Je donne le journal à la Préposée.

ORACLE
Tu peux voir à l'envers, lire le titre, voir la photo, la photo du Père qui marche tête baissée. La Préposée déplie le journal, mais c'est un piège. Sur la page de gauche, la pub : Céline qui se maquille dans sa loge. Sur la page de droite, la photo : Le Père au palais de justice. Il passe devant une petite foule figée qui crie : « MONSTRE! ASSASSIN! » Il va pour entrer dans la salle d'audience

GÉRANT
J'entre dans la salle des employés

ORACLE
Dans la salle d'audience

GÉRANT
Quelle salle d'audience ?

ORACLE
Le Père entre dans la salle d'audience – le procès

GÉRANT
Le Père entre pas, / il recule

ORACLE regarde GÉRANT.

ORACLE
Le Père est obligé d'entrer, il est escorté

GÉRANT
QU'EST-CE J'AI FAIT ? J'AI RIEN / FAIT

ORACLE
LA MÈRE A PARLÉ.

PRÉPOSÉE
LA MÈRE A RIEN DIT !

ORACLE sort l'appareil jetable de son tablier.

ORACLE
Le jury a regardé les photos avec horreur.

ORACLE regarde face public.

PRÉPOSÉE
La mère a dit au juge – qu'elle voulait pas de deuxième enfant

GÉRANT
Selon l'accusé, elle aurait dit au propriétaire : « ÇA VA PAYER LA COKE »

PRÉPOSÉE
Ils l'ont appelée Isabelle, mais lui l'appelait « LE SAC À SPERME », accusait la Mère

GÉRANT
« ELLE LUI METTAIT PAS DE COUCHES. ELLE LA LAISSAIT PISSER PIS CHIER À TERRE », a dit le Frère de la victime

ÉTALAGISTE
Le Père aurait dit à son fils : « REGARDE, ÇA C'T'UNE PLOTE », en la masturbant avec une bouteille de Pepsi

PRÉPOSÉE
« IL VOULAIT PAS QU'ELLE AILLE À L'ÉCOLE », a dit la Mère

GÉRANT
« C'EST ELLE QUI A EU L'IDÉE DES MENOTTES »

ÉTALAGISTE
La plupart du temps c'était le Père, des fois la Mère. Le Frère prenait des photos. C'est lui qui mettait de la musique – des disques de Céline – pour étouffer les cris

PRÉPOSÉE
Un jour, une voisine aurait vu passer Isabelle devant la fenêtre de sa chambre

GÉRANT
Un des membres de la famille avait oublié de la rattacher

ORACLE
« Mais comment Isabelle a-t-elle pu survivre à toutes ces années de torture ? », demande en fin d'article le journal. Facile.

GÉRANT
Le break est fini.

PRÉPOSÉE
Je ferme le journal, prends l'assiette, ouvre le lave-vaisselle, la met dans le lave-vaisselle

ÉTALAGISTE
Je me frotte les mains, me lève

GÉRANT
Il faut que je dise à Caro de s'en aller.

ORACLE
Le plus dur, c'est d'entendre les autres penser. Le plus dur, c'est de voir ce qu'ils voient. Quand Isabelle a fini de vomir, elle se lève et marche vers le miroir. Ça, c'est difficile. Isabelle a jamais marché de sa vie. Elle se traîne, glisse dans la bile, s'appuie au mur. Elle s'accroche à la commode, se met face au miroir – le miroir de la chambre d'hôpital, et dans le miroir, Isabelle se regarde. À partir de là, tout est facile. Parce que dans le miroir, Isabelle se voit pas. Isabelle voit Céline. Dans le miroir, Isabelle voit juste Céline – sa loge –, Céline qui se maquille dans sa loge. Elle peut même voir le reflet de la caméra derrière. Le break est fini – recommence.

ÉTALAGISTE

Le caméraman recule, ils amènent la boîte

PRÉPOSÉE

Céline fait : « be-bye » dans le miroir – à la caméra – et se met en petite boule dans la boîte

ÉTALAGISTE

Ils ferment la boîte, roulent la boîte sous la scène. La caméra pourra pas aller sous la scène, voir comment ça se passe sous la scène – avec René

GÉRANT

Sous la scène – « faire sortir le tigre en elle »

ÉTALAGISTE

C'est ça

GÉRANT

René tourne autour de Céline, mime le fouet. Céline rugit

ORACLE

Non

ÉTALAGISTE

Après ça, Céline se remet dans la boîte. La scène s'ouvre, la boîte monte et Céline

ORACLE

NON. Ça, c'était pour la tournée. Là, Céline apparaît pas par le plancher. Céline sort des coulisses, entre directement sur la scène du / *Caesars Palace*

PRÉPOSÉE
Caesars Palace – OUI – micro en main et va parler au public, simplement, directement. Elle dit : « Vous pouvez pas / vous imaginer

ÉTALAGISTE
vous imaginer notre joie de vous voir ici »

PRÉPOSÉE
Comme si on était dans sa cuisine, chez elle, avec elle. « C'est extraordinaire, merci. »

ÉTALAGISTE
Là – applaudissements. Céline regarde à terre

PRÉPOSÉE
« On fréquente ce super beau théâtre immense, magnifique »

GÉRANT
Non – pas « immense, magnifique », mais : « INCOMPARABLE »

PRÉPOSÉE
« Incomparable » – « On a répété les chansons et on s'est encouragés. Je suis entourée de gens / merveilleux. »

GÉRANT
« MERVEILLEUX. » Oui

ÉTALAGISTE
« On avait tellement hâte de le faire pour vrai », et là tout le monde s'est senti avec elle